जलते हुए वन का वसन्त

दुष्यन्त कुमार

वाणी प्रकाशन

वाणी प्रकाशन

4695, 21-ए, दरियागंज, नयी दिल्ली 110 002

शाखा

अशोक राजपथ, पटना 800 004

फ़ोन: +91 11 23273167 फ़ैक्स: +91 11 23275710

www.vaniprakashan.in
vaniprakashan@gmail.com

JALTE HUE VAN KA VASANT
by Dushyant Kumar

ISBN : 81-7055-650-3

Poetry

संस्करण 1999
आवृत्ति 2013

मूल्य : ₹ 125

न्यू कृष्णा ऑफ़सेट, दिल्ली-110 093 में मुद्रित

वाणी प्रकाशन का लोगो मक़बूल फ़िदा हुसेन की कूची से

भाई

रमेश चंद्र जैन

के लिए

ये कविताएँ इसी हद तक मेरी हैं कि मैंने इन्हें लिखा और भोगा है। यदि आपको इनमें पहचाना-सा स्वर, आत्मीय-सी भाषा और अपनी-सी बात नज़र आए तो यह मेरी सफलता है।

मेरे पास कविताओं के मुखौटे नहीं हैं। अंतर्राष्ट्रीय मुद्राएँ नहीं हैं और अजनबी शब्दों का लिबास नहीं है। मैं एक साधारण आदमी हूँ और इतिहास और सामाजिक स्थितियों के संदर्भ में, साधारण आदमी की पीड़ा, उत्तेजना, दबाव, अभाव और उसके संबंधों के उलझावों को जीता और व्यक्त करता हूँ।

मैं कविता को चौंकाने या आतंकित करने के लिए इस्तेमाल नहीं करता, गो कि ऐसा करके लोगों का ध्यान अपनी ओर खींचा जा सकता है। परंतु कविता से केवल यह अपेक्षा, कितनी कम है। मैं जानता हूँ कि अहसास के अनेक स्तरों को चीरती हुई, व्यक्तित्व के भीतर दूर तक उतर जानेवाली चीज़, कविता होती है। उसे इतनी छोटी भूमिका नहीं दी जा सकती। समाज और व्यक्ति के संदर्भ में उसका दायित्व, इससे बहुत बड़ा है।

हो सकता है, मैं कविता को कुछ ज़्यादा ही महत्त्व दे रहा हूँ, क्योंकि जहाँ तक मेरी बात है, वह राजनैतिक, सामाजिक और वैयक्तिक, हर स्तर पर, हर लड़ाई में मेरे लिए एक भरोसे का हथियार है।

ऐसा नहीं कि उसके सहारे मैं, सारे युद्ध जीत ही लेता हूँ या सारी चोटें सीने पर ही सहता हूँ...पर इतना ज़रूर है कि वह मुझे पहल करने और जवाब झेलने की शक्ति देती है और बड़ी चुनौतियाँ स्वीकार करने का साहस।

जैसे चिंतन की परिधि में एक ऐसा स्थल होता है, जहाँ पहुँचकर हम और आगे सोचते हुए डरते हैं। हमारा लौकिक विवेक, विचारों के हहराते सागर से घबराकर वापस लौट चलने को मचल उठता है...लेकिन वहीं, कविता की खोज में कवि, निर्द्वंद्व भाव से जल की गहराइयों में उतरता चला जाता है (देखिए 'अवगाहन')।

यहीं से कविता शुरू होती हो—यह ज़रूरी नहीं। शायद यहाँ से भी होती हो। पर मेरे लिए कविता यातना से पैदा होती है। यह एक दिलचस्प

प्रक्रिया है कि छोटी-मोटी चोटें तो मेरे व्यक्ति के पास तक पहुँचकर रुक जाती हैं, लेकिन जिन्हें मैं यानी मेरा व्यक्ति नहीं झेल पाता, वे भीतर पहुँच जाती हैं, कवि के पास तक; और मैं सहसा नहीं जान पाता कि कब, क्योंकर, कौन-सी कचोट वहाँ तक चली गई ?

मेरे लिए मनुष्य-मात्र की अवमानना सबसे अधिक कष्टप्रद है। उस पर मेरी प्रतिक्रिया नितांत व्यक्तिगत ढंग से होती है। मगर चूँकि मैंने अपने आपको सारे अनुभवों के लिए खुला छोड़ रखा है इसलिए मैं भीड़ का एक हिस्सा भी हूँ और मेरी पीड़ा इसीलिए केवल मेरी नहीं रह जाती। मैं आपके और आप मेरे सुख-दुख का समभोगी बन जाते हैं।

यह मेरी कविताओं का तीसरा संग्रह है। पहले दोनों संग्रहों में सिर्फ़ कविताएँ थीं, भूमिका नहीं। इसमें इस छोटी-सी भूमिका द्वारा मैंने पाठक से संलाप की स्थिति पैदा की है। शायद इधर की नई कविताओं में कविता खोजने की उसकी कोशिश को इससे कुछ बल मिले या शायद उसके बीच मुझे 'प्लेस' करने में उसे सुविधा हो।

तय है कि पाठक ही कल निर्णायक की भूमिका अदा करेगा। इसलिए हमारे आलोचक यदि सो रहे हैं तो उन्हें जगाना ज़रूरी नहीं, परंतु पाठक से यह पूछना बहुत ज़रूरी है कि वह कविता के संदर्भ में आज क्या सोचता है ? और क्या कविता उस तक पहुँच रही है ?

मैं ऐसे हवाई पाठक की कल्पना नहीं करता जिसके बौद्धिक आयाम मेरे साँचों से मेल खाते हों। मैं तो खुद पाठक के रूप में, उस कविता की खोज में हूँ जो हर व्यक्ति की कविता हो और हर कंठ से फूटे।

भाषा-विभाग
भोपाल

दुष्यंत कुमार

अवगाहन

वह मेरा सहजन !
हाय ! वह मेरा सखा !
आज नदी में उतरता है।

उसने सब कपड़े उतारकर
किनारे पर फेंक दिए,
यह सोचे बिना कि कार्तिक में कितनी ठंड होती है,
सुबह-सुबह नहाने की ठान ली।
पैनी हवाओं में
जब उसके जिस्म को झिंझोड़ा,
तो उसने एक क़दम थोड़ा पीछे हटकर उठाया।
अब वह फिर दूसरा क़दम आगे धरता है।
लो, अब वह नदी में उतरता है।

माना उसके मन की तरह है यह नदी,
उसने इस बालू में घरौंदे बनाए हैं,
लहरों पर लिखे हैं किलोलों के दृश्य,
कई बार नाव लेकर गया है उस पार,
किंतु अधिक लग रहा है विस्तार आज कोहरे में

तट की परछाईं
एक मगरमच्छ की तरह उभर आई।
वह खुद अपरिचित की भाँति
आज परिचित से डरता है।
लेकिन वह नदी में उतरता है।

उसे पता है—कहाँ भँवरें हैं जल में
कहाँ गहरा है,
शंख और सीपियाँ कहाँ हैं ?
लेकिन वह धारा में खोया खड़ा है !
शायद वह मना रहा है—कोई आए,
उसके हाथों से फिसल रहे बालू-कण देखे,
उसके तलुओं से दबी हुई सीपियाँ उठाए,
उनमें झाँके—
उनसे मोती निकाले,
डूबते हुए का साक्ष्य बनकर सुख पाए।
हाय ! पानी में कैसी छलल-छलल होती है,
जब कोई डूबकर मरता है !
देखो, वह नदी में उतरता है।

अरे—उसे रोको—वह गिरा !
अभी खड़े-खड़े पानी पर फिसल गया।
मुझे पता है, उसे तैरना नहीं आता,
देखो, वह दृश्य की सीमा से आगे—
बहुत आगे—
अदृश्य तक निकल गया ! आह !
मैं तो यहाँ तक कभी आया नहीं हूँ।
मैंने यहाँ तक कभी सोचा नहीं है।

उसने कब तिरना सीख लिया !
वह कैसे धारा में अनायास डुबकियाँ लगाता है,
डूबकर उभरता है।
वह देखो, नदी पार करता है।

इतिहास-बोध

यह खण्ड शानी के नाम

इतिहास मेरे साथ न्याय करे
मैंने स्वार्थों की वेदी पर
नरबलियाँ दी हैं
और तीर्थों में दान भी किए हैं।

(उपक्रम से)

खण्ड एक

योग-संयोग

मुझे–
इतिहास ने धकेलकर
मंच पर खड़ा कर दिया है,
मेरा कोई इरादा नहीं था।

कुछ भी नहीं था मेरे पास,
मेरे हाथ में न कोई हथियार था,
न देह पर कवच,
बचने की कोई भी सूरत नहीं थी।
एक मामूली आदमी की तरह
चक्रव्यूह में फँसकर–
मैंने प्रहार नहीं किया,
सिर्फ़ चोटें सहीं,
लेकिन हँसकर !
अब मेरे कोमल व्यक्तित्व को
प्रहारों ने कड़ा कर दिया है।

एक बौने-से बुत की तरह
मैंने दुनिया को देखा

तो मन ललचाया !
क्योंकि मैं अकेला था,
लोग-बाग बहुत फ़ासले पर खड़े थे,
निकट लाया,
मुझे क्या पता था—
आज दुनिया कहाँ है !
मैंने तो यों ही उत्सुकतावश
मौन को कुरेदा था,
लोगों ने तालियाँ बजाकर
एक छोटी-सी घटना को बड़ा कर दिया है।

मैं खुद चकित हूँ,
मुझे कब गाना आता था ?
कविता का प्रचलित मुहावरा अपरिचित था,
मैं सूनी गलियों में
बच्चों के लिए एक झुनझुना बजाता था;
किसी ने पसंद किया स्वर,
किसी ने लगन को सराहा,
मुझसे नहीं पूछा,
मैंने नहीं चाहा,
इतिहास ने मुझे धकेलकर,
मंच पर खड़ा कर दिया है,
मेरा कोई इरादा नहीं था।

यात्रानुभूति

कितना कठिन हो गया है
किसी एक गाँव से गुज़रकर आगे जाना !

ओसारों में बैठे हुए बूढ़े बर्राते हैं,
लोटे में जल भरकर महरियाँ नहीं आतीं
स्वागत नहीं करते बच्चे—राहगीरों पर
कुत्ते लहकाते हैं।

इस ठहरी और सड़ी हुई गरमी में
कहीं भी पड़ाव नहीं मिलते।
अँधेरे में दिखते नहीं दूर तक चिराग़ !
थके हुए पाँवों के ज़ख्म
जलती हुई रेत में सुस्ताते हैं।

यक-ब-यक—तेज़ी से बदल गए हैं
गाँवों के पनघट और सुंदरियों की तरह
—सारे रिवाज़
यात्रा में आज
अर्थ भले हो, लेकिन मज़ा नहीं।
लोग-बाग फिर भी
एक गाँव से दूसरे गाँव को जाते हैं।

उपक्रम

सृजन नहीं
भोग की क्षणिक आकांक्षाओं ने
उदासीन ममता के दर्द से कलपते हुए
मेरा अस्तित्व रचा : निरुपाय !
बचपन ने चलना सिखाने के लिए
मुझे पृथ्वी पर दूर तक घसीटा।

मेरा जन्म
एक नैसर्गिक विवशता थी :
दुर्घटना :
आत्म-हत्यारी स्थितियों का समवाय !
मुझे अनुभव के नाम पर परिस्थिति ने
कोड़ों से पीटा।

मेरे भीतर और बाहर
खून के निशान छोड़ती हुई आँधियाँ गुज़रीं,
और मैं
काँधे पर सलीब की तरह
ज़िंदगी रखे...आगे बढ़ा।

मैंने देखा—
मेरे आगे और पीछे किसी ने
दिशा-दंशी सर्प छोड़ दिए थे !
मैंने हर चौराहे पर रुककर
आवाज़ें दीं
खोजा
उन लोगों को
जो मुझको ईसा बनाने का वादा किए थे !

इतिहास मेरे साथ न्याय करे !
मैंने एक ऐसी तलाश को जीवन-दर्शन बनाया
जो मुझको ठेलते जाने में
सुख पाती है,
एक ऐसी सड़क को मैंने यात्रा-पथ चुना
जो मिथ्याग्रहों से निकलती हुई आती है।

एक नीम का स्वाद मेरी भाषा बना
जो सिर्फ़ तल्ख़ी का नाम है।
एक ऐसा अपवाद मेरा अस्तित्व
जो मेरे नियंत्रण से परे
एक जंगल की शाम है।

सृष्टि के अनाथालय में मैंने
जीने के बहाने तलाशने में
मित्रों को खो दिया !
भूखे बालकों-सी बिलखती मर्यादाएँ देखीं,
बाज़ारू लड़कियों-सी सफलताएँ सीने से
चिपटा लीं,

मुझमें दहकती रहीं एक साथ कई चिताएँ,
धरती और आकाश के बीच
कई-कई अग्नियों में
गीले ईंधन की तरह मैं सुलगता रहा,
निरर्थक उपायों में अर्थवत्ता निहारता हुआ;
कंठ की समूची सामर्थ्य
और
थोड़े से शब्दों की पूँजी के बल पर
अपनी निरीहता सहलाता हुआ !
जीने से ज़्यादा तकलीफ़देह
क्या होगी मृत्यु !

इतिहास मेरे साथ न्याय करे !
मैंने हर फ़ैसला उस पर छोड़ दिया है।
मैंने स्वार्थों की वेदी पर
नर-बलियाँ दी हैं
और तीर्थों में दान भी किए हैं,
मुझसे हुई हैं भ्रूण-हत्याएँ
मैंने मूर्तियों पर जल भी चढ़ाए हैं,
परिक्रमाएँ भी की हैं,
मेरी पीड़ा यह है—
मैंने पापों को देखा है,
भोगा है,
छुआ है,
किया नहीं,
मैं हूँ अभिशप्त
उस वध-स्थल की तरह
जिसमें रक्तपात होना था : हुआ,

लेकिन
मैं कर्त्ता नहीं था कहीं !
जीवन भर उपक्रम रहा हूँ एक,
अर्थ नहीं।
इतिहास मेरे साथ न्याय करे।

एक सफ़र पर

और
मैं भी
कहीं पहुँच पाने की जल्दी में हूँ—
एक यात्री के रूप में,
मेरे भी
तलुओं की खाल
और सिर की सहनशीलता
जवाब दे चुकी है
इस प्रतीक्षा में, धूप में,
इसलिए मैं भी
ठेलपेल करके
एक बदहवास भीड़ का अंग बन जाता हूँ,
भीतर पहुँचकर
एक डिब्बे में बंद हो पाने के लिए
पूरी शक्ति आज़माता हूँ।

...मैं भी
शीश को झुकाकर और
पेट को मोड़कर,

तोड़ने की हद तक
दोनों घुटने सिकोड़कर
अपने लवाज़मे के साथ
छोटी-सी खिड़की से
अंदर घुस पड़ता हूँ,
ज़रा-सी जगह के लिए
एड़िया रगड़ता हूँ।

बहुत बुरी हालत है, डिब्बे में
बैठे हुओं को
हर खड़ा हुआ व्यक्ति शत्रु,
खड़े हुओं को बैठा हुआ बुरा लगता है
पीठ टेक लेने पर
मेरे भी मन में
ठीक यही भाव जगता है।
मैं भी धक्कम-धू में
हर आने वाले को
क्रोध से निहारता हूँ,
सहसा एक और अजनबी के बढ़ जाने पर
उठकर ललकारता हूँ।

किंतु वह नवागंतुक
सिर्फ़ मुस्कराता है।
इनाम और लाटरियों का
झोला उठाए हुए
उसमें से टार्च और ताले निकालकर
दिखाता है।
वह कोई साधारण व्यक्ति नहीं

वह सबको भाषण पिलाता है,
बोलियाँ लगाता-लगवाता है,
पलभर में जनता पर जादू कर जाता है।
और मैं उल्लू की तरह
स्वेच्छया कटती जेबों को देखकर
खीसें निपोरता हुआ बैठ जाता हूँ।
जैसे मेरा विवेक ठगा गया होता है।
वह जैसे कहीं एक ताला
मेरे भीतर भी लगा गया होता है।

थोड़ी देर बाद
तालों और टार्चों को
देखते-परखते हैं लोग
मुँह गालियों से भरकर,
जेब और सीनों पर हाथ धरकर।
आख़िर बक-झककर थक जाते हैं
फिर...
यात्रा में वक़्त काटने के लिए
बाज़ारू-साहित्य उठाते हैं,
या एक दूसरे की ओर ताकते हैं,
ज़नाने डिब्बों में झाँकते हैं।
लोग : चिपचिपाए हुए,
पसीनों नहाए हुए,
डिब्बे में बंद लोग !
बड़ी उमस है—आह !
सुख से सो पाते हैं, इने-गिने चंद लोग !
पूरे का पूरा वातावरण है उदास।
अजीब दर्द व्याप्त है :

बेपनाह दर्द
बेहिसाब आँसू
गर्मी और प्यास !

एक नितांत अपरिचित रास्ते से
गुज़रते हुए पा-पी पा-पी
पहियों की खड़खड़ की कर्कश आवाज़ें,
रेल की तेज़ रफ़्तार,
धक-धक धुक-धुक
चारों ओर :
जिसमें एक दूसरे की भावनाएँ क्या
बात तक न सुनी और समझी जा सके :
ऐसा शोर :
आपाधापी
और एक दूसरे के प्रति गहरा संशय
और उसमें
बार-बार लहराती
लंबी और तेज़-सी सीटी
जैसे कोई इंजन के सामने आ जाए... !
(भारतीय रेल में
हर क्षण दुर्घटना का भय)

हर क्षण ये भय...
कि अभी ऊपर से कुछ गिर पड़ेगा !
पटरी से ट्रेन उतर जाएगी !
हर क्षण ये सोच
कि अभी सामने वाला
कुछ उठाकर ले भागेगा,

मेरा स्थान कोई और छीन लेगा।
...और सुरक्षा का एकमात्र साधन
अपने स्थान से चिपक जाना,
कसकर चिपक जाना।
बाहर के दृश्य नहीं,
ऊपर की बर्थ पर रखे सामान पर
नज़र रखना,
खुली हुई क़ीमती चीज़ों को
दिखलाकर ढँकना।
बहन और बच्चों को
फुसफुसाहट भरे उपदेशों से भर देना,
अपने प्रति
इतना सजग और जागरूक कर देना
कि वे भविष्य में अकेले सफ़र कर सकें।
इसी तरह अपने स्थान पर चिपके
शंकित और चौकन्ने होकर
हर अजनबी से डर सके।

यात्रा में लोग-बाग
सचमुच डराते हैं।
आँखों में एक विचित्र मुलायम-सी
हिंस्र क्रूरता का भाव लिये—
एक दूसरे का गंतव्य पूछते हुए
दोस्ती का हाथ बढ़ाते हैं,
सहमकर मुस्कराते हैं,
सोचते हैं...
किसी पास वाले स्टेशन पर
ये सब लोग क्यों नहीं उतर जाते हैं ?

परवर्ती प्रभाव

स्थान : एक युद्ध हुआ चौराहा।
दृश्य : वहाँ फूटे हुए ढोलों की चुप्पी :
लोगों की चिल्लाहट, मौन,
रक्तस्राव !
लड़ना नहीं
गर्दन झुकाए हुए पास से गुज़र जाना—;
परस्पर बधिर-भाव,
गहन शान्ति !

ध्वनि : उस अँधेरे में
वाण-विद्ध पंछी की
कातर पुकारती-सी कोई आवाज़,
बुझे लैम्पपोस्ट की चिमनियों के
पास फड़फड़ाती, पंख मारती-सी कोई आवाज़,
अनसुनी, अनुत्तरित, उपेक्षित किंतु
दूर तक गुहारती-सी कोई आवाज़ !

अर्थ : मुझे लगता है मुझमें से आती है,
लगता है मुझसे टकराती है !

आह !
छोटी-सी उम्र में देखे हुए
किसी नाटक की छोटी-सी स्थिति वह
अब तक मुझमें
मौक़े-बेमौक़े जी जाती है।

शगुन-शंका

अब इस नुमाइश की छवियाँ
आँखों में गड़ती हैं,
क्या यह बुरा शगुन है ?

पारसाल घर में
मकड़ियाँ बहुत थीं,
लेकिन जाले परेशान नहीं करते थे।
बच्चे उद्धत तो थे—
दिन भर हल्ला मचाते थे।
फिर भी वे कहा मान लेते थे, डरते थे।
अब तो मेरी कमीजें
उन्हें छोटी पड़ती हैं,
क्या यह बुरा शगुन है ?

पारसाल बारिश में
छत बहुत रिसी थी,
लेकिन गिरने का ख़तरा नहीं था।
जैसे सम-सामयिक विचार
मुझे अक्सर अखरते थे

लेकिन मैं उनसे इस तरह
कभी चौंका या डरा नहीं था,
अब मेरे आँगन में रोज़
बिल्लियाँ लड़ती हैं।
क्या यह बुरा शगुन है ?

सुबह : समाचार-पत्र के समय

सुबह-सुबह चाय पर
जबकि हवा होती है—खुनक,
लोग,
समाचार-पत्रों के पन्नों में,
सरसरी नज़र से
युद्ध, विद्रोह, सत्ता-परिवर्तन, अन्न संकट
और
देशी-विदेशी समस्याएँ पढ़ते हैं,
तब भी मैं पाठक नहीं होता।

आँगन में नयी खिली कली,
और द्वार पर निमंत्रण की पुर्ज़ी-सी धूप पड़ी रहती है,
बालों में खोंसकर गुलाब
घर के सामने से गुज़रती हैं सुंदरियाँ,
रंगों के साथ तैर जाते हैं आँखों में साड़ियों के
कई-कई रूप—
किंतु मुखर नहीं होती है कल्पना :
चाय का प्याला सँभाले
एक सेर गेहूँ या चावल के लिए

सस्ते अनाज की दुकान पर क़तारों में
अपने को खड़ा हुआ पाता हूँ,
अथवा
संत्रस्त और युद्धग्रस्त देशों की प्रजा की जमात में—
खड़ा हुआ सोचता हूँ—
कितने खुशकिस्मत थे पहले ज़माने के कवि
अपनी परिस्थिति से बचकर आकाश ताक सकते थे।

सच है—
हमारे लिए भी कल्पनाओं के आश्रम खुले हैं,
किंतु
चौंकाती नहीं हैं दुर्घटनाएँ,
कितना स्वीकार्य और सहज हो गया है परिवेश
कि सत्य
चाहे नंगा होकर आए, दिखता नहीं है।
लोग मंत्रियों के वक्तव्य पढ़ते हैं
'देश पर अब कोई संकट नहीं हैं'
और खुशी से उछल पड़ते हैं।
मुनाफ़े की मूर्तियाँ गढ़ते हैं।
(आह ! कल्पना पर भी मंत्रियों और व्यापारियों का
एकाधिपत्य है)
मुझमें उत्साह (कल्पना की उड़ान का)
नहीं जागता,
न मैं प्रयत्न कर पाता हूँ—!
उल्टे ये होता है
जबकि कहीं रोगों और मौतों की चर्चा निकलती है
तो सबसे पहला रोगी
और मुरदा—मैं खुद को पाता हूँ।

ईश्वर बेहतर जानता है—
मेरी कल्पना को
जाने किस दृश्य या घटना ने
विदीर्ण कर दिया है—;
आज
कोई भी, कैसे भी अधरों का संबोधन मुझे नहीं छूता,
दृष्टि नहीं बाँधता किसी का सौंदर्य
और मैं प्रकृति से भिन्न स्थिति में
भाषा को भोगता हूँ,
शब्दों और अर्थों से परे—एक भाषा
जो श्रव्य नहीं,
जिसके संदर्भ-बहुल अनुभव
मैं जीता हूँ, जीने के लिए विवश होता हूँ...सुबह-सुबह...
चाय की टेबिल पर, समाचार-पत्रों में,
जबकि लोग...।

आत्मालाप

मेरे दोस्त !
मैं तुम्हें खूब जानता हूँ।
तुम—टी.टी. नगर के एक बँगले में
सुख और सुविधा का जीवन बिताने की कल्पना
किए हो,
तुम—शासन की कुर्सी में बैठे हुए
अपने हाथों में मुझे
एक ढेले की तरह लिए हो,
और बर्र के छत्तों में फेंककर मुझे
मुसकरा सकते हो,
मौक़ा देखकर
कभी भी
मेरी पहुँच से बहुत दूर जा सकते हो।

पहले मैं भी और लोगों की तरह
बिलकुल यही समझता था कि मैं और तुम एक हैं,
दोनों यह युद्ध साथ-साथ लड़ रहे हैं,
अपनी जगह
अपने स्थानों से पीछे हट रहे हैं

या आगे बढ़ रहे हैं,
—सिर्फ़ तुम्हें राजपथ पसंद हैं,
गलियों की धूल में भटकना नहीं भाता,
पर मेरा नाता
इन्हीं गलियों में बसे किसी घर से है,
जिसके दरवाज़े बंद हैं,
यों मैंने सोचा—यह फ़र्क़
कोई फ़र्क़ नहीं है,
क्योंकि तुम जहाँ अकेले पहुँचने का यत्न कर रहे हो,
सभी लोगों के साथ
पहुँचना मुझे भी वहीं है।
चूँकि तुम मेरे साथ-साथ पैदा हुए थे
सोचा—
साथ ही रहोगे,
पीड़ा जैसे भी होगी
उसे मैं भी सहूँगा
और तुम भी सहोगे।

आज मुझे लगता है, पहले भी—
यद्यपि मैंने पहचाना नहीं था,
तुम्हारा सलूक
मेरे साथ दोस्ताना नहीं था;

तुमने हमेशा मुझे ऐसी लोरियाँ सुनाईं
कि मैं बिस्तर में पड़े-पड़े करवटें बदलता रहा,
तुमने हर घटना को इस तरह रँगा
कि मैं अपने ही सम्मुख
अपराधी की तरह हाथ मलता रहा,

मेरा विवेक तुम्हारे एक-एक संकेत का मोहताज बना रहा,
मेरे और दुनिया के बीच का तनाव
ज़रा ज़्यादा ही तना रहा,
मैं अपने व्यक्तित्व को
तुम्हारे नज़रिए से देखता हुआ
झख मारकर गाता रहा,
तुमने प्रमोशन लिए
और मैं गालियाँ खाता रहा।

लेकिन—
यह हरगिज़ ज़रूरी नहीं था (न है)
कि हम एक दूसरे को उकसाते या उछालते रहे,
एक तोते की तरह
एक दूसरे को पालते रहे,
उसे खोल से बाहर निकलने न दें,
आस-पास की पहाड़ियों पर घूमने न दें,
याकि अपनी प्रेमिकाओं से मिलने न दें,
उन्हें छूने या चूमने न दें।

और इसमें भी कोई नैतिकता नहीं है
कि जहाँ एक पुल बन सकता हो वहीं पुल बनाएँ,
विरोधों के नक्कारखाने में
तूती को ज़ोर से बजाएँ,
हवाओं के डर से घर की टीन को उतारकर फेंक दें,
आशंकाओं के बालू में घुटने टेक दें।
राम-नाम जपें
या माला के मनकों-से सट जाएँ,
बहुत तेज़ चाकू की तरह

एक दूसरे में उतरें
एक दूसरे से कट जाएँ।
यह हरगिज़ ज़रूरी नहीं है...
कि हम एक दूसरे से डरें,
हाँ, एक दूसरे को समझें
चाहे प्यार न करें।

मैंने कहा था एक बार,—तुझे याद है—
कि तू मुझसे बचपन में खुलकर मिला है,
तेरा और मेरा क़द एक है—
एक ही नदी है
अपने गाँव के नीचे
जिसका चौड़ा-सा पाट पार करने के बाद वह क़िला है।
उसकी अटारी पर तू और मैं साथ ही पहुँचते थे।
किंतु आज कहीं भी पहुंचने का रास्ता बंद है,
सिर्फ़ एक मेरी कमंद है
तू मुझे उठा,
मुझसे मत घबरा।
लेकिन तुमने कुछ सुना नहीं।

और मुझे डर है—इस बार,
तुम मुझे अकेला कर जाओगे,
मोटी-सी दुविधा
या छोटी-सी सुविधा के लिए मर जाओगे,
जीवन के सारे ख़तरे मुझे झेलने पड़ेंगे,
सिर्फ़ इस क़लम के सहारे
सारे पापड़ बेलने पड़ेंगे।
बड़े-बड़े पर्वत धकेलने पड़ेंगे।

मैं जानता हूँ घबराकर घुटना अच्छी बात नहीं है।
लेकिन यह एक संभावना है...
और इसमें मेरा कोई हाथ नहीं है।

मैं तो अब भी कहता हूँ—आ, जी तो सही,
लेकिन एक कायर की ज़िंदगी न जी,
एक दोस्त के लिए अपनी नफ़रत को पी,
मेरे हाथों में हाथ दे,
मुझे पंजों में ढेले की तरह मत उठा
मेरा साथ दे।

अस्ति-बोध

मुझे एक घर चाहिए था।
मैंने यह मकान बनवाने में बहुत जगह घेर ली।
नीवों में साँसें भर दीं और खुद ख़ाली हो गया।
फूलों की क्यारी से पौधे उखाड़कर वहाँ,
दो बाथरूम चिनवा दिए।
सामान की कमी पड़ी तो परमिट लेने चल दिया।
जाने बैठे-बिठाए क्या सूझी—मैंने
घर का नक्शा बदल दिया।
प्लास्टर करवाने के चक्कर में
कमरों में बिल बनवा लिए।
अब इन चूहों से डरता हूँ, और
इस घर से नफ़रत करता हूँ
जिसमें रहता हूँ।

मुझे कविता से प्रेम है।
कोरे काग़ज़ों पर पड़ी थी वर्तमान की राख,
मैंने उसे झाड़कर गिरा दिया।
एक चिड़िया की तरह पंख फड़फड़ाता फिरता था अतीत,
मैंने उसे लेखनी से
मेज़ पर बैठने का इशारा किया।

थोड़ी-सी कल्पना से काम लेकर
मैं लोगों से साफ़ बच निकला—और
भीड़ में, सुविधा की एक जगह छाँट ली।
मैं धक्का-मुक्की क्यों करता?
मैंने यहाँ-वहाँ थोड़ी-सी तुकें उगाईं—और
कविता की खड़ी—खूबसूरत फ़सल काट ली। पर...
अब इस कविता से बचता हूँ।
जिसको रचता हूँ।

मैंने बच्चों को युवा बनाने के लिए
एक दफ़्तर में नौकरी कर ली।
फ़ोटो खिंचवाने के लिए
थोड़ी-सी हँसी माँग लाया।
अख़बार में चेहरा छिपाकर एक सत्य पढ़ लिया।
धीरे-धीरे मैंने अस्तित्व का तर्क गढ़ लिया।
जैसे उस दिन, दीवार गिर पड़ी थी एक बच्चे पर,
किसी ने कहा—आओ देखें।
मैंने घड़ी देखी, नौ बजकर तीस हो चुका था।
मेरा चेक बैंक में रुका था।
मुझे शाम को फ़िल्म देखने जाना था।
यों पार्कों में जाना और
कभी-कभी उदास फ़िल्मी गीतों की धुनें गुनगुनाना भी
मुझे अच्छा लगता है।
मैं कोई कायर आदमी नहीं हूँ, जीने में रस लेता हूँ।
लेकिन इस जीवन से डरता हूँ
जिसको जीता हूँ।

वसंत आ गया

वसंत आ गया
और मुझे पता नहीं चला।
नया-नया पिता का बुढ़ापा था।
बच्चों की भूख
और
माँ की खाँसी से छत हिलती थी,
यौवन हर क्षण
सूखे पत्तों-सा झड़ता था।
हिम्मत कहाँ तक साथ देती !
रोज़ मैं सपनों के खरल में
गिलोय और त्रिफला रगड़ता था !
जाने कब,
आँगन में खड़ा हुआ एक वृक्ष
फूला और फला !
मुझे पता नहीं चला...।
मेरी टेबिल पर फ़ाइलें बहुत थीं !
मेरे दफ़्तर में
विगत और आगत के बीच
एक युद्ध चल रहा था।

शांति के प्रयत्न विफल होने के बाद—
मैं—
शब्दों की कालकोठरी में पड़ा था।
मेरी संज्ञा में सड़क रुँध गई थी
मेरी आँखों में नगर जल रहा था।
मैंने बार-बार
घड़ी को निहारा
और आँखों को मला।
मुझे पता नहीं चला...।

मैंने बाज़ार से रसोई तक
ज़रा-सी चढ़ाई पार करने में
आयु को खपा दिया।
रोज़ बीस क़दम रखे—
एक पग बढ़ा !
मेरे आस-पास शाम ढल आई !
मेरी साँस फूलने लगी।
मुझे उस भविष्य तक पहुँचने से पहले ही
रुकना पड़ा।
लगा मुझे
केवल आदर्शों ने मारा
सिर्फ़ सत्य ने छला।
मुझे पता नहीं चला।

देश-प्रेम

यह खण्ड सत्येन के नाम

देश-प्रेम,
जब संकट आता है
समाचार-पत्रों में डोंडी पिटवाकर
कहलाया जाता है—
बार-बार!

(देश-प्रेम से)

खण्ड दो

देश–प्रेम

कोई नहीं देता साथ,
सभी लोग युद्ध और देश-प्रेम की बातें करते हैं।
बड़े-बड़े नारे लगाते हैं।
मुझसे बोला भी नहीं जाता।
जब लोग घंटों राष्ट्र के नाम पर आँसू बहाते हैं
मेरी आँख में एक बूँद पानी नहीं आता।

अक्सर ऐसा होता कि मातृभूमि पर मरने के लिए
भाषणों से भरी सभाओं
और प्रदर्शन की भारी भीड़ों में
लगता है कि मैं ही हूँ एक मूर्ख...
कायर-गद्दार !!

मुझे ही सुनाई नहीं पड़ता है
देश-प्रेम,
जो संकट आते ही
समाचार-पत्रों में डोंडी पिटवाकर
कहलाया जाता है—
बार-बार।

ईश्वर को सूली
(बस्तर गोलीकांड पर एक प्रतिक्रिया)

मैंने चाहा था
कि चुप रहूँ,
देखता जाऊँ
जो कुछ मेरे इर्द-गिर्द हो रहा है।
मेरी देह में कस रहा है जो साँप
उसे सहलाते हुए,
झेल लूँ थोड़ा-सा संकट
जो सिर्फ़ कड़ुवाहट बो रहा है।
कल तक गोलियों की आवाज़ें कानों में बस जाएँगी,
अच्छी लगने लगेंगी,
सूख जाएगा सड़कों पर जमा हुआ खून !
वर्षा के बाद कम हो जाएगा
लोगों का जुनून !
धीरे-धीरे सब ठीक हो जाएगा।

लेकिन मैंने देखा—
धीरे-धीरे सब ग़लत होता जाता है।
इच्छा हुई मैं न बोलूँ
मेरा उस राजा से या उसकी अंध भक्त प्रजा से

क्या नाता है ?

लेकिन सहसा एक व्याख्यातीत अँधेरा
ढँक लेता है मेरा जीवित चेहरा,
और भीतर से कुछ बाहर आने के लिए छटपटाता है।
एक उप महाद्वीपीय संवेदना
सैलाब-सी उमड़ती है—अंदर ही अंदर
कहीं से उस लाश पर
अविश्वास-सी प्रखर,
सीधी रोशनी पड़ती है—
क्षत-विक्षत लाश के पास,
बैठे हैं असंख्य मुर्दे उदास।
और गोलियों के ज़ख्म देह पर नहीं हैं।
रक्तस्राव अस्थिमज्जा से नहीं हो रहा है।
एक काग़ज़ का नक्शा है—
खून छोड़ता हुआ।
एक पागल निरंकुश श्वान
बौखलाया-सा फिरता है उसके पास
शव चिचोड़ता हुआ।

x x x

ईश्वर उस 'आदिवासी-ईश्वर' पर रहम करे !
सत्ता के लंबे नाखूनों ने जिसका जिस्म नोच लिया !
घुटनों पर झुका हुआ भक्त
अब क्या
इस निरंकुशता को माथा टेकेगा
जिसने—
भक्तों के साथ प्रभु को सूली पर चढ़ा दिया,
समाचार-पत्रों की भाषा बदल दी,

न्याय को राजनीति की शकल दी,
और हर विरोधी के हाथों में
एक-एक खाली बंदूक पकड़ा दी—
कि वह—
लगातार घोड़ा दबाता रहे,
जनता की नहीं, सिर्फ़ राजा की,
मुर्दे पैग़म्बर की मौत पर सभाएँ बुलाता रहे
'दिवस' मनाता हुआ,
सार्वजनिक आँसू बहाता हुआ,
नींद को जगाता हुआ,
अर्द्ध-सत्य थामे चिल्लाता रहे।

x x x

इतिहास
विद्यमान काल की परिधि में
दीवारों से टिके हुए
इन मुर्दा लोगों की पीढ़ी को माफ़ करे।
(सहनशील जनता न्याय-संगत नहीं होती)
इतिहास न्याय करे—
मुझ जैसे चंद बदज़बान और बेशऊर लोगों के साथ,
जो खुद आगे बढ़ आए
अपनी कमज़ोर और सीमित भुजाओं में भर लेने के लिए
कि एक बाँध अपने कगारों पर टूट रहा है;

मैंने सोचा था—जब किसी को दिखाई नहीं देता
मैं भी बंद कर लूँ अपनी आँखें
न सोचूँ
एक ज्वालामुखी फूट रहा है।
घुल जाने दूँ लावे में

तड़प-तड़पकर एक शिशु-
प्रजातंत्र का भविष्य—
जो मेरे भीतर मीठी नींद सो रहा है।
मुझे क्या पड़ी है
जो मैं देखूँ, या बोलूँ या कहूँ कि मेरे आसपास
नरहत्याओं का एक महायज्ञ हो रहा है।

मैंने चाहा था और मैं अब भी चाहता हूँ
कि मैं चुप रहूँ, न बोलूँ।
एक मोटा-सा परदा पड़ा है
उसे रहने दूँ, खिड़की न खोलूँ।

चिंता

आजकल मैं सोचता हूँ साँपों से बचने के उपाय
रात और दिन
खाए जाती है यही हाय-हाय
कि यह रास्ता सीधा उस गहरी सुरंग से निकलता है
जिसमें से होकर कई पीढ़ियाँ गुज़र गईं
बेबस ! असहाय !!
क्या मेरे सामने विकल्प नहीं है कोई
इसके सिवाय !
आजकल मैं सोचता हूँ...!

देश

संस्कारों की अरगनी पर टँगा
एक फटा हुआ बुरका
कितना प्यारा नाम है उसका—देश,
जो मुझको गंध
और अर्थ
और कविता का कोई भी
शब्द नहीं देता
सिर्फ़ एक वहशत,
एक आशंका
और पागलपन के साथ,
पौरुष पर डाल दिया जाता है,
ढँकने को पेट, पीठ, छाती और माथा।

जनता

जब कुछ भी
अतुल अंधकार के सिवा बचता नहीं
तब लोगों को
बाँसों की तरह इस्तेमाल किया जाता है हहराते सागर
में गहराई नापने के लिए।
एक-दो-तीन
और सब—
यानी सभी बाँस
छोटे पड़ जाते हैं,
छोड़ दिए जाते हैं सागर में।
यानी
फिर और नए बाँसों की आवश्यकता होती है हहराते
सागर में गहराई नापने के लिए।
यह एक अखंड क्रम है...
और उनके अजीब विश्वास हैं
उनके हाथों में बहुत सारे बाँस हैं
बाँसों पर बाँस
हहराते सागर की गहराई नापने के लिए।

मौसम

मौसम में कैसा बदलाव आ गया है।
शीत के छींटे फेंकता है
मेरे नाम।

हर शाम
एक स्वच्छ दर्पण-सा व्योम
टुकुर-टुकुर ताके ही जाता है।

वातावरण बड़ी निराश गति से
चारों ओर रेंगता है,
कवि कहकर मुझको चिढ़ाता है।

सच—
कैसा असहाय।
कितना बूढ़ा हो गया है तुम्हारा कवि !
बदले हुए मौसम के अनुरूप
उससे
वेश तक नहीं बदला जाता है।...

तुलना

गड़रिये कितने सुखी हैं।

न वे ऊँचे दावे करते हैं
न उनको लेकर
एक दूसरे को कोसते या लड़ते-मरते हैं।
जबकि
जनता की सेवा करने के भूखे
सारे दल भेड़ियों से टूटते हैं।
ऐसी-ऐसी बातें
और ऐसे-ऐसे शब्द सामने रखते हैं
जैसे कुछ नहीं हुआ है
और सब कुछ हो जाएगा।

जबकि
सारे दल
पानी की तरह धन बहाते हैं,
गड़रिये मेड़ों पर बैठे मुसकराते हैं।
...भेड़ों पर बाड़े में करने के लिए
न सभाएँ आयोजित करते हैं

न रैलियाँ,
न कंठ ख़रीदते हैं, न हथेलियाँ
न शीत और ताप से झुलसे हुए चेहरों पर
आश्वासनों का सूर्य उगाते हैं,
स्वेच्छा से
जिधर चाहते हैं, उधर
भेड़ों को हाँके लिए जाते हैं।

गड़रिये कितने सुखी हैं !

युद्ध और युद्ध-विराम के बीच

(संदर्भ 1965 का युद्ध)

मामूली बात नहीं है
कि इन अगन भट्टियों के दहानों पर बैठे हुए
हम, तुमसे फूलों और बहारों की बात कर लेते हैं,
अपनी बाँहें आकाश की ओर उठाकर
बच्चों की तरह चिल्ला उठते हैं कभी-कभी
टैंकों और विमानों के कोलाहलों को
जीवन का नारा लगाकर
एक नए स्वर से भर देते हैं।

मामूली बात नहीं है
कि जब ज़मीन और आसमान पर
मौत धड़धड़ाती हो,
एक कोमल-सा तार पकड़े हुए
आप
अपनी आस्था आबाद रक्खें,
विषाक्त विस्फोटों के धुएँ में
खुद अपने ऊपर नेपाम बम चलाते हुए
गाँधी और गौतम का नाम याद रक्खें।
शब्दों की छोटी-छोटी

तोपें लिए हुए
बम बरसाने वाले जहाज़ों को मोड़ लें,
भूखी साँसों को राष्ट्रीयता के चिथड़े पहनाए
अभावों का शिरस्त्राण बाँधे
चारों ओर फैली विषैली गैस ओढ़ लें,
चाहे तलुए झुलसकर काले पड़ जाएँ
आँखों में सपनों की कीलें गड़ जाएँ
पेट पीठ से सट जाए
पूरे व्यक्तित्व का सिंहासन पलट जाए।

x x x

अजीब बात है
कि नज़रों को घायल कर देते हैं दृश्य
जिधर पलकें उठाते हैं,
वातावरण घृणा मुस्कराता है
जिसमें भी जाते हैं,
आकाश की मुट्ठी से फिसलती हुई
बेबसी फैलती-फूटती है
फिर भी हम नहीं छटपटाते हैं
गाते हैं एक ऐसा गीत
जिसकी टेक अहिंसा पर टूटती है।

मामूली बात नहीं है दोस्तो !
कि आज जब दुनिया शक्ति के मसीहों को पूजती है
लोग घरों में भी तलवारों पर मचल रहे हैं,
हम
युद्धस्थल में
एक मुर्दे को शांति का पैग़ंबर समझकर
उठाए चल रहे हैं।

x x x

लोग कहते हैं कि अमुक बुरा है या भला है।
लोग ये भी कहते हैं कि आत्मवंचना में
जीवन जीना कला है।
हम कुछ भी नहीं कहते।
बार-बार शांति के धोखे में विवेक पी जाते हैं।
संवेदनहीन राष्ट्रों को
सदियों से
आत्मा पर बने हुए घाव दिखलाते हैं—
यानी
बहुत हुआ तो
आत्मलीन विश्व से निवेदन करते हैं—और
उसी नदी में डूब जाते हैं
जिससे उबरते हैं।

x x x

मामूली बात नहीं है दोस्तो
कि हम न चीखें
    न कराहें;
क्योंकि यही रास्ता शायद
हमारी नियति है,
जो यहाँ से शुरू हो
और यहीं लौट आए।
शायद यह तटस्थता है।
शायद यह अहिंसा या शांति या सहअस्तित्व है।
यह कुछ ज़रूर है;
इसी के लिए हमने
टैंकों और बमों को शहरों पर सहा है,
प्राण गँवाए हैं।

कच्छ में स्वाभिमान
काश्मीर में फूलों की हँसी
और छम्ब में मातृभूमि का अंग-भंग हो जाने दिया है
चाकू और छुरे खाए हैं।
...मामूली बात नहीं है दोस्तो !

मंत्री की मैना

आज तू उन्मन है।
बोल मेरी मैना, तुझे क्या दुख है ?

आज सुबह तड़के क्यों नहीं उठी
क्यों नहीं पुकारा—"मिस्टर साँगी।"
क्यों नहीं बुलाया चपरासी को
बैरे से चाय नहीं माँगी ?
आज तू उन्मन है।
बोल मेरी मैना, तुझे क्या दुख है ?

तुझसे बातें करने और सुनने को
उत्सुक हैं, घर के सब बच्चे अकुलाते हैं,
तेरी सभाओं में
अंडे, टमाटर या जूते नहीं फेंके जाते हैं।
फिर तू क्यों गुमसुम है ?
बोल मेरी मैना, तुझे क्या दुख है ?

सघन जंगलों के परकोटों में
अरक्षित अँधेरों के बीच तूने गाया,

लेकिन ख़ामोश हो गई सहसा
जब से
एक बेहतर भविष्य नज़र आया,
कोई आशंका है ?
बोल मेरी मैना, तुझे क्या दुख है ?

क्या हो गया है इधर
बार-बार सिर को खुजलाती है
पंखों को नोचती है,
भारत सरकार की मिनिस्टर नहीं है तू
कौन-सी समस्या पर सोचती है।
बोल मेरी मैना, तुझे क्या दुख है ?

रस के लिए दुनिया तरसती है,
तू भी गा, राग-वंश फलने दे।
भारत यदि भूखा है, होने दे
वियतनाम जलता है, जलने दे,
व्यर्थ तू झुलसती है
बोल मेरी मैना, तुझे क्या दुख है ?

खिड़की खुली है, पर उड़ती नहीं,
बंद पिंजड़े में कसमसाती है,
उड़ने की कला तुझे भूली, या
चलने की अदा नहीं आती है ?
क्यों इतनी विह्वल है ?
बोल मेरी मैना, तुझे क्या दुख है ?

मुझसे बतला, तेरी राहों में, बाधक

हर विघ्न को कुचल दूँगा,
यदि मेरे दल से उकतायी हो
सत्ता के साथ दल बदल दूँगा,
थोड़ा-सा धीरज रख,
बोल मेरी मैना, तुझे क्या दुख है ?

धुएँ की इमारत है—स्वप्न कीर्ति
टूटी हो अगर टूट जाने दे,
और मूर्ति गढ़ लेंगे, एक मूर्ति फूटी है अगर
फूट जाने दे,
मैं तो निर्माण हूँ, नियामक हूँ,
बोल मेरी मैना, तुझे क्या दुख है ?

लोग-बाग घेरे रहें
या तुझको छोड़ दे अकेला
तुझ पर कौन फ़र्क़ पड़ता है।
जीवन राजनीति का करिश्मा नहीं है
जो कि बहुमत से बनता-बिगड़ता है।
तू मेरी आत्मा है।
बोल मेरी मैना, तुझे क्या दुख है ?

क्या नहीं दिया तुझको लोगों ने,
आवारा जीवन को कीर्तिमय बना दिया,
तेरी विनश्वर मृत्तिका के अहम-शिशु को
पाल-पोसकर सबने हिमालय बना दिया।
फिर भी तू उन्मन है।
बोल मेरी मैना, तुझे क्या दुख है ?

टामी और पप्पी उदास हैं
अभागी मौन तोड़ दे,
सोने का पिंजड़ा बनवा देगी जनता
अपना पागलपन छोड़ दे,
तेरा अभिनंदन भी होगा, अब
बोल मेरी मैना, तुझे क्या दुख है ?

सवाल

मुझे पता नहीं यहाँ किस ऋतु में
कौन-सा फूल खिलता है ?
वसंत कब आता है ?
बारह महीने लहलहाते हुए पौधों के क्या नाम हैं ?
वे फसलें जो तिगुनी उपज देने लगी हैं—
कहाँ हैं ?
वे खेत जो सोना उगलते हैं—किसके हैं ?
ये खेत जो सूख गए
इनमें क्या बोया गया था ?
वे लोग जो फूलों को देखकर जीते हैं—कैसे हैं ?
और ये लोग कौन हैं
जो पौधों को सींचते हैं
मौन हैं ?
मुझे पता नहीं वर्षा की बूँदों और सूखी हुई झाड़ियों में
कैसा संबंध है ?
चारों तरफ़ फैले और
घिरे हुए लोगों की चीखें
कहाँ से निकलती हैं ?
गलियों में खड़े और पड़े हुए कुत्तों को

कौन खाना खिलाता है ?
गायें दिन-ब-दिन क्यों दुबली
और आवारा घूमता बिजार, क्यों मोटा होता जाता है ?
पिता होते तो मैं पूछता
इन ख़यालों से मेरा क्या नाता है ?
मेरे चारों ओर
सड़कों और झोपड़ों के जाल
और तरह-तरह के सवाल क्यों हैं ?
क्यों किसी भी सवाल का जवाब
मुझे नज़र नहीं आता है।

एक चुनाव-परिणाम

आओ देखें—
एक छोटी-सी पगडंडी
कहाँ पहुँच सकती है !
भय की ज़मीन पर
निश्चय की ईंट
कैसे एक सृष्टि रच सकती है ?

आओ सोचें—
कैसे घरों में बंद विद्रोह के तर्क
बाहर आ जाते हैं,
और लोकतंत्र के समर्थन में
सफल वातावरण बनाते हैं।

आओ, अंजलि में भर लें—
पराजित लहरों के मुँह से निकलता हुआ झाग।
देखें—
लौह-पुरुष बनकर पुजने वाला पुतला
मोम का निकला।
एक फूँक से बुझ गया
सूरज समझा जाने वाला चिराग़।

कहाँ से शुरू करें यात्रा

चाक्षुष प्रतीतिमयी धरती
जो सामने पड़ी है,
रूपाकृति
गुण-गति के वायवी धरातल पर
कितनी बड़ी है !
दो फैले हुए पंख व्याकुल हैं
इस निर्जन विस्तार में
कहाँ से शुरू करें यात्रा ?
यहाँ सब पड़ाव
वर्तमान शंकाओं
संदेहों
आग्रहों-दुराग्रहों के चश्मों में
सहज-सुलभ दृश्यों की तरह झिलमिलाते हुए
लटके हैं—;
सच है कि गति की अगम्य
किंतु भौतिक इच्छाओं ने
व्यक्ति को अतीत और आगत के बीच
कहीं सेतु
कहीं सिंधु

और कहीं शून्य की अकल्पनीय स्थितियाँ
दी हैं।
और गति ही रही होगी केंद्र !
किंतु आज...
साक्षी है युग जिसमें
सिर्फ़ पाँवों तले की ज़मीन ही नहीं
बल्कि जीवन के मूल्य, तत्त्व, बदल गए,
बदल गए—
महाकार पर्वत, मरुस्थलों में,
समतल, मैदानों में
जल के उद्दाम वेग,
कलों-कारखानों में,
तीर्थ स्थल, मंदिर और मस्जिद मैखानों में,
दर्द कामनाओं में,
मूल्य, भावनाओं में,
मानवीय संस्कार, सामयिक विचारों में,
आस्था, प्रतीक्षा में अवसर की,
बदल गईं सारी परिभाषाएँ ईश्वर की !
ऐसा विकल्पहीन होकर
इतना असहाय दीन होकर
बदला है मनुष्य
कि अब संज्ञाएँ
प्रज्ञाएँ
दिशाएँ
व्यक्तित्व में लय होती हुई वासनाएँ
एक दूसरे को काटती हैं।
बच्चों को तंग हो गए हैं वे वस्त्र
जो संस्कृतियाँ बाँटती हैं।

दो फैले हुए पंख व्याकुल हैं
इस निर्जन विस्तार में...
लोगों को तंग लग रही हैं पोशाकें
जो संस्कृतियाँ बाँटती हैं।

गाते-गाते

मैं एक भावुक-सा कवि
इस भीड़ में गाते-गाते चिल्लाने लगा हूँ।

मेरी चेतना जड़ हो गई है—
उस ज़मीन की तरह—
वर्षा में परती रह जाने के कारण—
जिसने उपज नहीं दी
जिसमें हल नहीं लगे।
यह देखते-देखते
कि कितने भयानक भ्रम में जिए हैं बीस वर्ष !
यह सोचते-सोचते
कि मेरा कसूर क्या है
और क्या किया है इन लोगों ने
जो जीवन-भर सभाओं में तालियाँ बजाते रहे,
भूख की शिकायत नहीं की,
बड़ी श्रद्धा से—
थालों में सजे हुए भाषण
और प्रेस की कतरनें खाते रहे,
मेरा दिमाग भन्ना गया है !

मैं एक मामूली-सा कवि
इस ग़म में गाते-गाते चिल्लाने लगा हूँ।
नेताओ!
मुझे माफ़ करना
ज़रूर कुछ सुनहले स्वप्न होंगे—
जिन्हें मैंने नहीं देखा।
मैंने तो देखा
जो मशालें उठाकर चले थे
वे तिमिरजयी,
अँधेरे की कहानियाँ सुनाने में खो गए।
सहारा टटोलते हुए दोनों दशक
ठोकरें खा-खाकर लँगड़े हो गए।
अपंग और अपाहिज बच्चों की तरह
नंगे बदन
ठंड में काँपता हुआ एक-एक वर्ष
ऐन मेरी पलकों के नीचे से गुज़रा है।

तुम्हारा आभारी हूँ रहनुमाओ !
तुम्हारी बदौलत मेरा देश,
यातनाओं से नहीं,
फूलमालाओं से दबकर मरा है।

मैं एक मामूली-सा कवि
इस खुशी में गाते-गाते चिल्लाने लगा हूँ।

चक्रवात

यह खण्ड रमाकांत के नाम

कितनी अजीब बात है...कि मैं जिनकी कल्पना किए था,
वे दुर्घटनाएँ...
घटकर सच हो रही हैं।
वे जो बचाव के बहाने थे
तनाव का कारण बन गए हैं,
आज सबसे अधिक ख़तरा वहाँ है
जो निरापद स्थान था !

(एक समझौता से)

खण्ड तीन

एक शाम की मनःस्थिति

उधर पश्चिम में अचानक जल उठा है
व्योम-खंड-विभोर,
शांत सोए हुए जल को
चीरकर हलचल मचाती
अभी कोई तेज़ नौका गई है उस ओर,

अभी इस सुनसान वन में
एक पंछी
झील के तट से चिहुँककर
मर्मभेदी चीख़ भरता हुआ भागा है,

इस निपट तम में अचानक
बिजलियों से भर गया आकाश बिलकुल अभी,
इस ज़रा-सी बात को लेकर हृदय में
एक विवश विचार जागा है।

वर्षों बाद

सुनो
वर्षों बाद
अनहद नाद
दिशाओं में हो रहा है
शिराओं से बज रही है
एक भूली याद !
वर्षों बाद...।

एक पुस्तक सदृश !
भूमिका के पृष्ठ-पहले
खो गए हैं,
बंध ढीले
आवरण के रंग धूमिल हो गए हैं
सिवा इसके
और कुछ भी तो नहीं बदला।
सारा कथ्य भीतर यथावत, अक्षुण्ण।

तुम्हें अर्पित है समूचा विद्यमान-अतीत
जिसमें जी रहे हैं शब्द, चित्र,
उदास !

आओ पास
मैं भुजाएँ खोलकर थोड़ा बदल दूँ
    समय का इतिहास।
कालचक्रों से रुँधा अक्षत, अजित संकल्प
माँग में भर दूँ तुम्हारी
समयजित आयोजना का एकमात्र विकल्प !

प्रतीति

एक मग्न प्यार के प्रदेश से गुज़रकर
मैं अपनी
यायावर-स्मृति से हटा नहीं पाता हूँ—
वे उदास भुतियाले खँडहर

उनमें थोड़ा बच जाता हूँ।
बहुत प्यार करता हूँ तुम्हें
बहुत...।
लेकिन बार-बार
उस मुर्दा पीढ़ी के बीच से गुज़रने वाली राहों को
मैं जिनसे होकर तुम तक आता हूँ,
उन्हीं खँडहरों में,
उन्हीं सूनी भुतियाली-सी जगहों में
बल खाते पाता हूँ;

एक संक्रांति-काल होता है तुमसे मिलना
जिसमें कुछ अंतराल भरता है,
एक मृत्यु होती है तुमसे हट आना
जिसमें उस थकी-सी दशाब्दी का जहाज़

डगमगाता हुआ दृश्य में उभरता है।
लेकिन मैं तोड़ डालने वाली यात्राएँ जीकर भी
तुम तक आ जाता हूँ।
बार-बार लगता है—
मैं जैसे यात्रा से लौटा हूँ
तुम जैसे यात्रा पर निकली हो।

गीत

कौन यहाँ आया था
कौन दीया बाल गया !
सूनी घर-देहरी में
ज्योति-सी उजाल गया।

पूजा की बेदी पर
गंगा जल भरा कलश
रक्खा था, पर झुककर
कोई कौतूहलवश
बच्चों की तरह, हाथ
डालकर खँगाल गया।

आँखों में तिर आया
सारा आकाश सहज,
नए रंग रँगा, थका—
हारा आकाश सहज,
पूरा अस्तित्व एक
गेंद-सा उछाल गया।

अधरों में आग, राग
अनमनी दिशाओं में,
पार्श्व में, प्रसंगों में
व्यक्ति में, विधाओं में
साँस में, शिराओं में
पारा-सा ढाल गया।

वर्षा

दिन भर वर्षा हुई
कल न उजाला दिखा
अकेला रहा
तुम्हें ताकता अपलक।

आती रही याद :
इंद्रधनुषों की वे सतरंगी छवियाँ
खिंची रहीं जो
मानस-पट पर भरसक।

कलम हाथ में लेकर
बूँदों से बचने की चेष्टा की—
इधर-उधर को भागा
भींग गया पर मस्तक :

हाय ! भाग्य की रेखा,
मुझ पर ही आकाश अकारण बरसा
पर तुम...
बूँदें गईं न शायद तुम तक।

स्वस्तिक क्षण

नृत्य की मुद्रा में कसा हुआ
लगता जीवन !

आँगन में पड़ी हुई पायल-सी धूप !
छूम छनन छन !

घुँघरुओं की तरह बज उठता है
कभी-कभी मन !

हवा में कलाइयाँ लहरती हैं
कान में खनकते कंगन !

चंदन में बसे हुए पाए हैं
ये स्वस्तिक क्षण !

एक निमंत्रण का उत्तर

तुम्हारे
इस विपुल मंगल कामनाओं भरे उत्सव में
निमंत्रित मैं
        न आऊँगा !

मैं विवश हूँ
    व्यस्त हूँ !
    वचन मत लो
    अगर आया भी
    समूचा आ न पाऊँगा
    मैं कहीं पर बच रहूँगा
        ...छूट जाऊँगा।

...मैं बड़ी कठिनाइयों के बाद
शिष्टाचार के दो-चार अक्षर बोल पाऊँगा !
भला ऐसे क्षण...
किसी साहित्य के इतिहास में
अभिव्यक्ति कोई सफल उतरी है !
मैं कहाँ से तर्ज़े-ग़ालिब खोज लाऊँगा !

चुप्पियों में घिरा,
...युवा अतीत
...दो विबद्ध हथेलियों के बीच रह-रह कसमसाएगा,
और मंडप में खड़े सब दर्शकों के बीच
मैं
वातावरण के क्रास पर
    चुप भूल जाऊँगा !

शपथ मत दो
मैं बहुत कमज़ोरियों का आदमी हूँ
मैं कहाँ तक विवशता को गुदगुदाऊँगा।
मैं न आऊँगा...बुरा मत मानना तुम।

पहुँच

तुम्हारे साथ
देखते-देखते...
समुद्र पर पुल बन गया है,
ऊँचे गिरि-शिखरों तक सड़क
जन-संकुल नगरों से दूर निकल आया हूँ—
हाथों में थामे तुम्हारा हाथ !

विदा

जैसे कोई विकल्प शेष नहीं रहता तो
टूटती परंपरा के गुण गाता हुआ, उसे
विवश विदा देता है
पराभूत देश का समाज
[अपनी पराजय के बाद भी]

जैसे जनहीन विशद मरुस्थल में
किसी काफ़िले से कट जाने पर
सुहृद सदृश लगता है
अपने एकांत को अव्याज
[झंझा तूफानों का नाद भी]

वैसे ही गहरी विवशता का विष पीकर
बड़ी आत्मीयता से
तुझे विदा कर आया आज।
मैं जैसे किसी काफ़िले का छूटा सदस्य
जैसे किसी पिटे हुए देश का समाज।

विदा के बाद : प्रतीक्षा

परदे हटाकर करीने से
रोशनदान खोलकर
कमरे का फ़र्नीचर सजाकर
और स्वागत के शब्दों को तोलकर
टकटकी बाँधकर बाहर देखता हूँ
    और देखता रहता हूँ मैं !

सड़कों पर धूप चिलचिलाती है
चिड़िया तक दिखाई नहीं देती
पिघले तारकोल में
हवा तक चिपक जाती है बहती-बहती,
किंतु इस गर्मी के विषय में किसी से
    एक शब्द नहीं कहता हूँ मैं।

सिर्फ़ कल्पनाओं से
सूखी और बंजर ज़मीन को खरोंचता हूँ
जन्म लिया करता है जो [ऐसे हालात में]
उसके बारे में सोचता हूँ
कितनी अजीब बात है कि आज भी
        प्रतीक्षा सहता हूँ मैं।

एक जन्म दिन पर

एक घनिष्ठ-सा दिन
आज
एक अजनबी की तरह
पास से निकल गया।

एक और सोते-सा सूख गया !
टूट गया एक और बाजू-सा !
एक घनिष्ठ-सा दिन—
जिसे मैं चुंबनों से रचकर
और कई सार्थक प्रसंगों तक ले जाकर
तुम तक आ सकता था !
मैं जिसको होंठों पर रखकर गा सकता था
स्वरों की पकड़ में नहीं आया
गरम-गरम बालू-सा फिसल गया !

मटमैली चादर-सी
बिछी रही सड़कें
और खाली पलंग-सा शहर !

मेरी आँखों में—देखते-देखते,
बिना किसी आहट के,
    पिछली दशाब्दी का
    कलेण्डर बदल गया।

यह साहस

दीवारें होती हैं
और लोग आए-दिन उनसे टकराते हैं,
बुरी तरह घायल हो जाते हैं,
कई बार गति बिलमा जाती है
रस्ते खो जाते हैं
बरसों तक रक्त-रँगे माथों पर
पट्टियाँ जमाते हैं;
प्रेयसि, इस सच से इनकार कौन करता है !

लेकिन दीवारों को कौन लोग जोड़ते हैं ?
कौन लोग राहों को स्वयं उधर मोड़ते हैं ?
कौन लोग माथों की पीड़ा से तंग आकर,
या अपनी राहों के मोड़ों से उकताकर
जाकर दीवारों को नींव तक झिंझोड़ते हैं !
एक साथ कई-कई दीवारें तोड़ते हैं !
—पर तुममें यह साहस क्यों नहीं उभरता है ?

एक साम्य

चारों ओर
काँटेदार
और
पेड़-पौधों से घिरी हुई
गोल और छोटी-सी पहाड़ी यहाँ भी है।
अक्सर मैं उधर से गुज़रता हूँ।

चाँदनी रात में पहाड़ी पर,
जब सफ़ेद पत्थर चमकते हैं,
तो मुझको अनायास
तुम्हारी बड़ी-सी गोल कोठी याद आती है,
और मैं मन ही मन
उसकी बंद खिड़कियों में दिपते प्रकाश से
इनकी तुलना करता हूँ।

यों—
यह कोई साम्य नहीं है,
लेकिन फिर भी कितना साम्य है
कि इसमें भी मेरे लिए,

ऊपर पहुँचने का कोई सरल रास्ता नहीं है;
किंतु बार-बार
ऊपर चढ़ पाने के लिए मन ललचता है,

इसमें भी
एक बड़ी भीनी-सी गंध
और गहरा आकर्षण है !
लगता है
यहाँ भी है फूलों से लदी एक ऐसी लता,
जिस तक--
मेरा अभागा हाथ नहीं पहुँचता है।

एक और प्रसंग

आँखों में भरकर आकाश
और हृदय में उमंग,
काँपती उँगलियों में सहज थरथराती हुई
छोटी-सी पतंग,
मैंने—
शीश से ऊँची उठाकर
और ऊपर निहारकर,
विस्मय, आशंका और हर्ष की प्रतीति सहित
वायु की तरंगों पर छोड़ दी—अपंग !

कोई आवाज़ कहीं नहीं हुई।
शांत रहा संध्या का कंठ !
धुएँ-सा बदलता रहा आसमान रंग।

मेरी पतंग—
मुझे नीचे से ऊपर—
और ऊपर...को जाती हुई—
पर खोले
चील से बगुला

और बगुले से छोटी-सी चिड़िया की भाँति लगी,
मुझमें उत्सुकता के साथ सहज पीड़ा की
हल्की अनुभूति जगी—
"जाने क्या होगा" ?

किंतु आह !
क्षण भर के बाद।
वह चिड़िया और उसका पूरा परिवेश
(नभ का पूर्वी प्रदेश)
साँवली लकीरों के साँपों ने घेर लिया !
कट गई पतंग।
अंधकार का अजगर लील गया
एक-एक पंख।
बाँहें फैलाकर आकाश
उसे ग्रहण नहीं कर पाया।
बिखर गया काला-सा गाढ़ा अवसाद-निस्तरंग।

फटी-फटी आँखों से
कटी हुई डोरी का एक छोर पकड़े
हुआ कहीं और एक स्तर पर
एक स्वप्न-भंग !
[कितना विचित्र साम्य रखता है
जीवन
और गगन से पतंग का प्रसंग।]

साँझ : एक विदा-दृश्य

एक दुखी माँ की तरह—संध्या
मैला-सा आँचल पसारे
सामने खड़ी है।
सारा आकाश-ग्राम,
बाल-वृद्ध-बनिताएँ,
साँस रोक—
देख रहे विदा-दृश्य !
लिपे-पुते आँगन-सी
धरती पड़ी है।
एक शोख वय वाली लड़की-सी हवा
इधर-उधर कपड़े झटकती हुई
आँगन बुहारती है।
"थोड़े दिन और अभी रहने दो"
सलज कोयलिया बोल मारती है।

वृद्ध-वृक्ष, गर्दन हिलाते हैं।
पिता-पर्वत
काली-सी चादर में मुँह लपेट
विदा का प्रसंग टाल जाते हैं।

सृष्टि की आयोजना

मैं—जो भी कुछ हाथ में उठाता हूँ
सपने या फूल,
मिट्टी या आग,
कर्म या विराग
मुझे कहीं नहीं ले जाता।
सिर्फ़ एक दिग्भ्रम की स्थिति तक,

हल्का-सा कंपन, रोमांच
एक ठंडा-सा स्पर्श
किसी भाव-विह्वल अतीत की तरह
मेरे भीतर
कँपता-अकुलाता है।
कोई आकार नहीं लेता, हर स्वप्न
मेरी उँगलियों में
सृजनशीलता की झनझनाहट जगाकर
टूट जाता है।

आज
मेरे हाथों में शून्य

और आँखों में अंधकार है,
तुम्हारी आँखों में सपने
और हाथों में सलाइयाँ हैं,
सोचता हूँ
इन इच्छाओं का
कोई आकाश अगर बुन भी गया
तो उसमें क्या होगा?
न चाँद...
न तारे...
न सूर्य का प्रकाश...
आख़िर कहाँ साँस लेगा
हमारा अंश?
यह नन्हा शिशु :—विश्वास।

कितने अभागे हैं हम दोनों
कि हमने एक सृष्टि की आयोजना की।

एक समझौता

वह...
अब मेरी प्रेमिका नहीं है।

हमें जोड़ने वाला पुल
बाहरी दबावों से टूट गया।
अब हम बिना देखे
एक दूसरे के सामने से निकल जाते हैं।

बहुत बुरे दिन हैं...कि मैं जिनकी कल्पना किए था
वे दुर्घटनाएँ
घटकर सच हो रही हैं !
वे जो बचाव के बहाने थे,
तनाव का कारण बन गए हैं।
आज सबसे अधिक ख़तरा वहाँ है
जो निरापद स्थान था।

यह नहीं कि मेरे विरुद्ध हो गए हैं सब लोग !
बल्कि मेरी कलम ही
मेरे हाथ में

मेरे विरुद्ध एक शस्त्र है।
मेरा साहित्य,
एक तंग और फटे हुए कोट की तरह
अब मेरी रक्षा नहीं करता।

चारों ओर से घिरकर
मैं एक समझौते के लिए
सहमत हो गया हूँ।
वह...
अब मेरी कविता नहीं है।

होंठों के नीचे फिर

इधर और झुक गया है आकाश
एक जले हुए वन में वसंत आ गया है !
झुरमुट में, चिड़ियों का झुंड लौट आया है
मरे हुए पत्तों पर
गति थिरक उठी है।
मेरे पाँवों में
एक पगडंडी रहने लगी है।

सहसा
गर्भवती हुई है विवक्षा,
और तस्वीरें
रिश्तों की शक्ल ले रही हैं,
मेरे उत्सुकता भरे पाँव तेज़ पड़ रहे हैं,
मेरी यात्रा के पथ पर कुछ बाँहें खड़ी हैं,
मेरे कानों में ख़ामोशी
आत्मकथा कहने लगी है।

मेरी नियति रही होगी ?
शायद भाग्य में लिखी थी एक जंगल की आग,

मेरी बाँबी से मणि खो गई थी,
मेरी प्यास कह रहे थे मेरे होंठों के झाग।
अब इन बुझी हुई आँखों में
चमक आ गई है,
मेरे होंठों के नीचे
फिर एक नदी बहने लगी है।

गीत

ज़िंदगी ने कर लिया स्वीकार
अब तो पथ यही है।

अब उफनते ज्वार का आवेग मद्धम हो चला है,
एक हल्का-सा धुँधलका था कहीं कम हो चला है,
यह शिला पिघले न पिघले रास्ता नम हो चला है,
क्यों करूँ आकाश की मनुहार,
अब तो पथ यही है।

क्या भरोसा, काँच का घट है, किसी दिन फूट जाए,
एक मामूली कहानी है, अधूरी छूट जाए,
एक समझौता हुआ था रोशनी से, टूट जाए,
आज हर नक्षत्र है अनुदार,
अब तो पथ यही है।

यह लड़ाई, जो कि अपने आपसे मैंने लड़ी है,
यह घुटन, यह यातना, केवल किताबों में पढ़ी है,
यह पहाड़ी, पाँव क्या चढ़ते, इरादों ने चढ़ी है,
कल दरीचे ही बनेंगे द्वार,
अब तो पथ यही है।

मेरे स्वप्न

मेरे स्वप्न तुम्हारे पास सहारा पाने आएँगे।
इस बूढ़े पीपल की छाया में सुस्ताने आएँगे।।

हौले-हौले पाँव हिलाओ, जल सोया है छेड़ो मत,
हम सब अपने-अपने दीपक यहीं सिराने आएँगे।।

थोड़ी आँच बची रहने दो, थोड़ा धुआँ निकलने दो,
कल देखोगी कई मुसाफिर इसी बहाने आएँगे।।

उनको क्या मालूम निरूपित इस सिकता पर क्या बीती,
वे आए तो यहाँ शंख - सीपियाँ उठाने आएँगे।।

फिर अतीत के चक्रवात में दृष्टि न उलझा लेना तुम,
अनगिन झोंके उन घटनाओं को दोहराने आएँगे।।

रह-रह आँखों में चुभती है पथ की निर्जन दोपहरी,
आगे और बढ़े तो शायद दृश्य सुहाने आएँगे।।

मेले में भटके होते तो कोई घर पहुँचा जाता,
हम घर में भटके हैं कैसे ठौर - ठिकाने आएँगे।।

हम क्यों बोलें—इस आँधी में कई घरौंदे टूट गए,
इन असफल निर्मितियों के शव कल पहचाने जाएँगे।।

हम इतिहास नहीं रच पाए इस पीड़ा में दहते हैं,
अब जो धाराएँ पकड़ेंगे, इसी मुहाने आएँगे।।

तुझे कैसे भूल जाऊँ !

अब उम्र का ढलान उतरते हुए मुझे
आती है तेरी याद, तुझे कैसे भूल जाऊँ।

गहरा गए हैं खूब धुँधलके निगाह में
गो राहरो नहीं है कहीं, फिर भी राह में—
लगते हैं चंद साए उभरते हुए मुझे
आती है तेरी याद, तुझे कैसे भूल जाऊँ।

फैले हुए सवाल-सा, सड़कों का जाल है,
ये शहर हैं उजाड़, या मेरा ख़याल है,
सामाने-सफ़्र बाँधते - धरते हुए मुझे
आती है तेरी याद, तुझे कैसे भूल जाऊँ !

फिर पर्वतों के पास बिछा झील का पलंग
होकर निढाल, शाम बजा़ती है जलतरंग,
इन रास्तों से तन्हा गुज़रते हुए मुझे
आती है तेरी याद, तुझे कैसे भूल जाऊँ !

उन सिलसिलों की टीस अभी तक है घाव में,
थोड़ी-सी आँच और बची है अलाव में,
सजदा किसी पड़ाव में करते हुए मुझे
आती है तेरी याद, तुझे कैसे भूल जाऊँ !

●●●